Soupes & veloutés

à savourer toute l'année !

Recettes et photographies
de Valérie Lhomme

Albums
LAROUSSE

Sommaire

SOUPES DE PRINTEMPS

SOUPES D'ÉTÉ

Pour faire une bonne soupe...

Non, décidément la soupe n'a pas bonne presse ! Il faut dire qu'en général, elle ne laisse pas un impérissable souvenir gastronomique aux enfants : qui n'a pas entendu, dans sa prime jeunesse, le lancinant : « Mange ta soupe si tu veux bien grandir ! », alors qu'il soufflait patiemment sur chaque cuillerée brûlante, transformant le repas en une véritable torture... Plus tard, la prétendue délicieuse soupe endossera souvent le piteux rôle de nourriture de régime, fade, triste et difficile à avaler... Il est grand temps de réhabiliter cette préparation culinaire ancestrale et de lui redonner ses lettres de noblesse !

Pour faire une bonne soupe, quelques conseils de préparation s'imposent :

Comme pour tout bon plat, il faut de bons ingrédients de saison, choisis avec soin. Si vous manquez de temps, préférez les fruits ou légumes surgelés à des produits fanés, mais vous savez que la saveur d'un produit frais acheté au marché reste de toute façon incomparable. Et si vous n'avez ni le temps ni le courage de mitonner un bouillon de légumes maison, utilisez des cubes de bouillon instantané, bio de préférence.

Un peu de matériel de base (une grande casserole, un robot ou un bon vieux moulin à légumes) et environ 20 minutes d'attention suffisent.

Allez-y progressivement ! Pour commencer, préparez une soupe avec un seul légume, celui que vous aimez le plus. Faites-le cuire, si possible, à l'étouffée dans un minimum d'eau, puis mixez-le en incorporant des herbes fraîches ou des épices, de l'huile d'olive vierge extra ou de la crème fraîche, et en rectifiant l'assaisonnement au passage. Accompagnez la divine soupe de mouillettes diverses et variées, de fromage frais ou sec. Lorsque vous aurez un peu plus de temps et d'expérience, lancez-vous dans la préparation d'un beau et bon minestrone ou d'une harira dont les recettes, au demeurant très simples, sont un peu plus longues à réaliser (à cause de l'épluchage...).

Enfin, n'hésitez pas à congeler un reste de soupe que vous aurez plaisir à retrouver les jours de grosse fatigue...

Vous verrez que, contre toute attente, vous vous régalerez d'un velouté délicat, d'une bonne soupe roborative ou d'un gaspacho glacé. Très vite, vous savourerez la soupe par pur plaisir gourmand !

Cette soupe est délicieuse chaude ou froide. Si les dernières tomates n'ont pas eu le temps de mûrir complètement, ajoutez 1 cuillerée à café de cassonade dans la soupe.

Soupe des dernières tomates de la saison au curcuma et aux tomates séchées

PRÉPARATION : 15 MIN

CUISSON : 25 MIN

POUR 4 PERSONNES

> 2 oignons
> 4 gousses d'ail
> 1/2 bouquet de persil plat
> 1,5 kg de tomates bien mûres
> 4 cuill. à soupe d'huile d'olive
> 1 cuill. à café de curcuma
> 100 g de tomates séchées gardées dans l'huile
> sel et poivre du moulin

Pelez les oignons et hachez-les grossièrement. Pelez les gousses d'ail et dégermez-les si nécessaire. Lavez le persil plat, séchez-le et effeuillez-le.

Équeutez les tomates, puis plongez-les 1 minute dans une casserole d'eau bouillante. Égouttez-les, passez-les rapidement sous l'eau fraîche, puis pelez-les et concassez-les.

Dans une grande casserole, ou une cocotte, faites chauffer l'huile d'olive. Faites revenir les oignons ainsi que l'ail et le curcuma pendant 5 minutes, puis ajoutez la chair de tomate et la moitié du persil plat. Salez, poivrez, couvrez et laissez mijoter 20 minutes.

Hachez grossièrement les tomates séchées, puis, au moment de servir, mélangez-les dans la soupe avec le reste de persil plat. Servez chaud.

VARIANTE : Servez cette soupe mixée ou en gardant quelques morceaux de légumes. Et ajoutez quelques larges copeaux de parmesan ou de fromage de brebis bien sec, si le cœur vous en dit.

Servez ce potage très chaud avec un reste de beaufort râpé et un bon tour de moulin à poivre.

Velouté de champignons mélangés, châtaignes et noisettes grillées

PRÉPARATION : 25 MIN

TREMPAGE : 10 MIN

CUISSON : 25 MIN

POUR 4 PERSONNES

> 50 g de cèpes déshydratés
> 300 g de champignons de Paris
> 300 g de girolles
> 2 échalotes
> 1 gousse d'ail
> 3 cuill. à soupe d'huile d'olive
> 1 cuill. à café de gros sel gris
> 100 g de châtaignes cuites, sous vide ou en bocaux
> 50 g de noisettes concassées
> 20 cl de crème fraîche liquide
> 1 cuill. à soupe d'huile de noisettes
> poivre du moulin

Faites tremper les cèpes dans 50 cl d'eau bouillante pendant 10 minutes. Nettoyez les autres champignons, coupez le bout des pieds, puis taillez-les en morceaux.

Pelez les échalotes et l'ail, puis hachez-les finement. Faites-les revenir 2 minutes à feu doux dans l'huile d'olive sans les laisser blondir, puis ajoutez les champignons de Paris et les girolles. Poursuivez la cuisson à feu plus vif pendant 3 minutes, puis ajoutez les cèpes et leur eau de trempage. Versez 50 cl d'eau supplémentaires, assaisonnez de gros sel et de 5 tours de moulin à poivre, puis couvrez et laissez mijoter 20 minutes.

Émiettez les châtaignes sur une plaque à four, puis faites-les griller sous le gril. Poêlez les noisettes à sec.

Mixez finement les champignons avec leur eau. Versez la moitié de la crème fraîche, rectifiez l'assaisonnement si nécessaire et maintenez au chaud.

Servez le velouté de champignons parsemé de châtaignes et de noisettes grillées, et arrosé de quelques gouttes d'huile de noisettes et d'une rasade de crème fraîche.

Cette recette est idéale pour toutes celles et ceux qui n'ont pas le temps de faire les courses mais qui possèdent un fonds d'épicerie et un garde-manger bien fournis.

La soupe du placard

PRÉPARATION : 10 MIN

CUISSON : 15 MIN

POUR 4 PERSONNES

> 1,5 l de bouillon de volaille instantané
> 2 gousses d'ail
> 4 brins de thym sec
> 1/2 cuill. à café de piment en poudre
> 4 cuill. à soupe d'huile d'olive
> 100 g de petites pâtes, type coquillettes
> 2 tomates
> sel et poivre du moulin

Préparez le bouillon de volaille instantané. Pelez l'ail, dégermez-le et hachez-le. Lavez le thym et effeuillez-le.

Dans une casserole à feu doux, faites revenir l'ail et le piment avec 1 cuillerée à soupe d'huile d'olive pendant 5 minutes, puis versez le bouillon de volaille. Ajoutez le thym ainsi que les pâtes et laissez cuire le temps indiqué sur le paquet – arrêtez la cuisson lorsque les pâtes sont encore un peu fermes.

Lavez les tomates, épépinez-les et concassez-les.

Servez la soupe en ajoutant dans chaque assiette un peu de tomate concassée et un filet d'huile d'olive.

SUGGESTIONS GOURMANDES : Si vous n'avez que des spaghettis dans votre placard, cassez-les avant de les cuire dans le bouillon. S'il vous reste une petite tranche de jambon cuit ou cru, ajoutez-la dans la soupe ainsi que quelques feuilles de basilic, de persil plat ou de coriandre, au moment de servir.

Les soba sont des pâtes japonaises traditionnellement fabriquées avec de la farine de sarrasin. Elles se consomment froides ou chaudes dans un bouillon et s'accompagnent généralement de tempura de crevettes.

Soupe japonaise aux soba et tempura de crevettes

TREMPAGE : 10 MIN

PRÉPARATION : 15 MIN

CUISSON : 15 MIN

POUR 4 PERSONNES

> 12 grosses crevettes surgelées
> 25 cl d'eau glacée
> 1 sachet de farine spéciale tempura (dans les épiceries asiatiques)
> 1 l d'huile spéciale friture
> 2 cives ou 2 ciboules (dans les épiceries asiatiques)
> 1 morceau d'algue kombu d'environ 20 cm (dans les épiceries asiatiques ou bio)
> 200 g de nouilles soba
> 1,5 l de bouillon instantané japonais (bouillon dashi) [dans les épiceries asiatiques]
> sauce soja japonaise

Plongez les crevettes 10 minutes dans de l'eau froide.

Versez l'eau glacée sur la farine à tempura en mélangeant rapidement jusqu'à obtenir une pâte fluide – s'il reste des grumeaux, ce n'est pas grave. Réservez au réfrigérateur.

Faites chauffer l'huile de friture à 180 °C.

Décortiquez les crevettes en laissant l'extrémité de la queue. Lavez les cives, ou les ciboules, puis émincez-les. Cassez l'algue kombu en petits morceaux.

Faites cuire les soba dans une grande casserole d'eau bouillante pendant 2 minutes, puis égouttez-les.

Trempez les queues des crevettes dans la pâte à tempura, puis plongez-les dans le bain de friture. Lorsqu'elles sont légèrement dorées, égouttez-les et déposez-les sur du papier absorbant.

Faites chauffer le bouillon dashi avec les soba et les morceaux d'algue pendant 2 minutes, puis ajoutez les cives. Servez aussitôt la soupe de soba accompagnée des tempura de crevettes et de la sauce soja.

L'oseille a une saveur acidulée, comme le pourprier par lequel vous pouvez la remplacer.

Velouté aux épinards, oseille, aneth et riz complet

PRÉPARATION : 20 MIN

CUISSON : 45 MIN

POUR 4 PERSONNES

> 500 g d'épinards
> 1 botte d'oseille
> 1 botte d'aneth
> 1 courgette
> 100 g de riz complet
> 2 cuill. à soupe d'huile d'olive
> 10 cl de crème fraîche liquide
> 100 g de feta
> sel et poivre du moulin

Lavez les épinards, l'oseille et l'aneth, puis égouttez-les. Ôtez les tiges dures des feuilles d'épinards. Lavez la courgette, pelez-la et taillez-la en dés.

Faites cuire le riz complet 20 minutes dans de l'eau bouillante salée.

Dans une grande casserole, ou une cocotte, faites chauffer l'huile d'olive, puis faites revenir la courgette ainsi que les feuilles d'épinards et d'oseille pendant 5 minutes sans cesser de remuer. Salez et poivrez. Versez 40 cl d'eau, couvrez et laissez mijoter 15 minutes.

Mixez finement les légumes cuits avec leur eau de cuisson et l'aneth. Versez la crème fraîche, rectifiez l'assaisonnement, puis mélangez et maintenez au chaud.

Coupez la feta en petits cubes ou émiettez-la. Répartissez le riz cuit et chaud dans 4 assiettes creuses ou 4 bols, puis versez le velouté dessus. Parsemez de feta et servez sans attendre.

Il existe beaucoup de variétés de ces délicieuses cucurbitacées. Alors, sans changer de recette, changez de courges. Avec le potimarron, vous obtiendrez une soupe plus épaisse, plus farineuse, au goût de châtaigne. Avec la citrouille, votre soupe sera très sucrée. Avec la butternut, elle sera douce et onctueuse, avec une légère saveur de noisette. N'hésitez pas, essayez toutes ces saveurs !

Soupe de potiron toute simple

PRÉPARATION : 15 MIN

CUISSON : 20 MIN

POUR 4 PERSONNES

> 20 cl de bouillon de légumes instantané
> 1,5 kg de potiron
> 3 échalotes
> 2 cuill. à soupe d'huile d'olive
> 1 bonne pincée de noix de muscade râpée
> 30 cl de crème fraîche liquide
> sel et poivre du moulin

Préparez le bouillon de légumes instantané. Pelez le potiron, épépinez-le, passez-le rapidement sous l'eau fraîche et taillez-le en petits cubes. Pelez les échalotes et hachez-les grossièrement.

Dans une casserole, faites blondir les échalotes 3 minutes avec l'huile d'olive, puis ajoutez le potiron. Salez, poivrez et saupoudrez de muscade. Versez 10 cl de bouillon de légumes, couvrez et laissez mijoter 15 minutes.

Lorsque les morceaux de potiron sont tendres, mixez-les avec le jus de cuisson. Rectifiez l'assaisonnement si nécessaire. Si la texture vous semble un peu épaisse, ajoutez du bouillon chaud.

Servez cette soupe avec 1 cuillerée de crème fraîche dans chaque assiette.

SUGGESTION GOURMANDE : Si vous voulez donner une petite touche d'originalité à cette soupe classique, mais néanmoins délicieuse, fouettez la crème liquide en chantilly bien ferme en la salant et en l'épiçant de noix de muscade, puis déposez-en de généreuses cuillerées sur la soupe chaude et fumante. Et n'oubliez pas que pour réussir une crème Chantilly, il faut que la crème liquide, les fouets du batteur et le saladier soient très froids ; placez-les au réfrigérateur 30 minutes à l'avance.

Choisissez pour ce potage des pommes de terre à chair farineuse, celles destinées à la purée, ainsi qu'un beaufort un peu jeune.

Potage Parmentier au beaufort

PRÉPARATION : 25 MIN

CUISSON : 25 MIN

POUR 4 PERSONNES

> 1 kg de pommes de terre
> 1 gousse d'ail
> 100 g de beaufort
> 75 cl de lait entier pasteurisé
> 1/2 cuill. à café de graines de carvi
> 20 cl de crème fraîche liquide
> sel et poivre du moulin

Pelez les pommes de terre, lavez-les et coupez-les en cubes. Pelez la gousse d'ail et dégermez-la. Râpez le beaufort.

Frottez l'intérieur d'une cocotte avec la gousse d'ail, puis versez le lait. Ajoutez les pommes de terre, les graines de carvi et 1/2 cuillerée à café de sel fin, puis portez à frémissements. Laissez cuire les pommes de terre dans le lait parfumé à l'ail pendant 20 minutes environ, à feu doux, jusqu'à ce qu'elles soient tendres.

Égouttez les pommes de terre et passez-les au moulin à légumes muni d'une grille fine. Mélangez la purée obtenue avec le lait chaud, en versant celui-ci petit à petit et en fouettant le mélange pour qu'il devienne mousseux. Incorporez la moitié du fromage et la crème fraîche.

Servez le potage très chaud avec le reste du beaufort râpé et un bon tour de moulin à poivre.

Une douceur d'enfance un peu revisitée : la brioche remplace le pain, et la fève tonka, la cannelle.

Soupe au lait, brioche caramélisée et fève tonka

PRÉPARATION : 5 MIN

CUISSON : 10 MIN

POUR 4 PERSONNES

> 4 belles tranches de brioche
> 20 g de beurre salé
> 80 g de sucre de canne
> 2 cuill. à soupe de noisettes concassées grillées
> 1 l de lait entier
> 4 pointes de couteau de fève tonka râpée

Coupez les tranches de brioche en dés. Dans une poêle antiadhésive, faites fondre le beurre et déposez les dés de brioche. Saupoudrez-les de 40 g de sucre de canne et des noisettes concassées, puis laissez-les dorer 5 minutes.

Portez le lait à ébullition avec la fève tonka fraîchement râpée et le reste de sucre de canne.

Versez le lait chaud dans les assiettes, ajoutez les dés de brioche croustillants et servez sans attendre.

SUGGESTIONS GOURMANDES : Si vous ne trouvez pas de fève tonka, remplacez-la par un peu d'extrait d'amande amère. Et si vous êtes vraiment très gourmand, faites fondre dans le lait 150 g d'un bon chocolat fort en cacao.

Pour donner un touche plus exotique à cette soupe déjà très parfumée, remplacez la coriandre par du basilic thaï. Vous en trouverez dans toutes les épiceries asiatiques.

Velouté de brocoli à la pâte de curry thaï

PRÉPARATION : 10 MIN

CUISSON : 10 MIN

POUR 4 PERSONNES

> 800 g de brocolis
> 1/2 bouquet de coriandre
> 20 cl de lait de coco
> 1 cuill. à café de pâte de curry vert ou jaune
> sel

Détachez les bouquets de brocoli, puis lavez-les sous l'eau fraîche. Lavez la coriandre, séchez-la et effeuillez-la.

Faites cuire les brocolis 5 minutes dans une grande casserole d'eau salée, puis égouttez-les avec une écumoire et mixez-les finement en ajoutant le lait de coco petit à petit ainsi que la pâte de curry. Versez un peu d'eau de cuisson pour obtenir une consistance onctueuse, mais fluide.

Réchauffez le velouté à feu très doux, salez-le, puis servez-le parsemé de coriandre.

Vous n'avez pas le temps de préparer vous-même votre bouillon ? Ne vous privez pas de cette soupe généreuse et réconfortante, utilisez un bouillon de volaille instantané, de préférence bio.

Vraie soupe à l'oignon et ses croûtons gratinés

PRÉPARATION : 20 MIN
CUISSON : 1 H 50

POUR 4 PERSONNES
> 400 g d'oignons
> 60 g de beurre salé
> 1 pincée de quatre-épices
> 10 g de farine
> 1 baguette de pain fine
> 100 g d'emmental
> sel et poivre du moulin

Pour le bouillon de volaille maison
> 1 oignon
> 1 clou de girofle
> 1 carotte
> 1 branche de céleri
> 1 poireau
> 1 carcasse de volaille et des abattis
> 1 cuill. à soupe de gros sel gris
> 5 grains de poivre

Préparez le bouillon de volaille maison. Pelez l'oignon, lavez-le et piquez-le du clou de girofle. Pelez la carotte, lavez-la et coupez-la en tronçons. Lavez la branche de céleri et le vert du poireau, puis coupez-les en tronçons. Déposez la carcasse de volaille et les abattis dans une grande casserole. Couvrez de 2 litres d'eau, portez à ébullition et écumez pendant 15 minutes.

Ajoutez les légumes, le sel et les grains de poivre, puis laissez frémir 1 heure. Filtrez le bouillon et réservez au chaud.

Pelez les oignons et émincez-les. Faites fondre le beurre salé dans une cocotte. Lorsqu'il est mousseux, ajoutez les oignons et faites-les blondir pendant 10 minutes.

Salez, poivrez. Saupoudrez de quatre-épices et de farine, puis versez le bouillon chaud. Couvrez et laissez mijoter 20 minutes.

Coupez la baguette en tranches fines. Faites-les griller. Râpez l'emmental. Servez la soupe dans des assiettes creuses ou des bols, garnissez-la de croûtons dorés et parsemez le tout de fromage râpé. Faites dorer sous le gril du four pendant 3 minutes. Servez aussitôt.

Soupe de lentilles vertes au gingembre, aux oignons et à la coriandre

PRÉPARATION : 15 MIN

CUISSON : 30 À 35 MIN

POUR 4 PERSONNES

- > 2 beaux oignons
- > 40 g de gingembre
- > 2 cuill. à soupe d'huile d'olive
- > 250 g de lentilles vertes
- > piment de Cayenne
- > 1 bouquet garni (queues de coriandre, thym, laurier)
- > 1 bouquet de coriandre
- > 1 cuill. à soupe d'huile de sésame
- > 4 cuill. à café de sauce soja japonaise
- > sel

Pelez les oignons et émincez-les. Pelez le gingembre et hachez-le grossièrement. Dans une casserole, faites chauffer l'huile d'olive, puis faites légèrement dorer les oignons avec le gingembre pendant 5 minutes.

Ajoutez les lentilles et mouillez-les de 5 fois leur volume d'eau. Salez, saupoudrez de piment de Cayenne et ajoutez le bouquet garni. Portez à ébullition et laissez frémir de 20 à 25 minutes jusqu'à ce que les lentilles soient très tendres.

Lavez la coriandre, séchez-la et effeuillez-la.
Ôtez le bouquet garni et mixez finement le contenu de la casserole avec les trois quarts de la coriandre.

Servez la soupe dans des assiettes creuses, puis ajoutez quelques gouttes d'huile de sésame, un trait de sauce soja et le reste des feuilles de coriandre.

Velouté de pois cassés

TREMPAGE : 1 H

PRÉPARATION : 20 MIN

CUISSON : 1 H 05

POUR 4 PERSONNES

- > 200 g de pois cassés
- > 1 l de bouillon de volaille
- > 4 gousses d'ail
- > 1/2 bouquet de persil plat
- > 1 bouquet garni (queues de persil, thym et feuille de laurier)
- > 4 belles tranches de lard fumé
- > 50 g de pignons
- > 2 cuill. à soupe d'huile d'olive
- > gros sel et poivre du moulin

Faites tremper les pois cassés 1 heure dans 2 litres d'eau froide.

Égouttez les pois cassés, mettez-les dans une casserole, couvrez-les de bouillon de volaille et portez à frémissements.

Pelez les gousses d'ail et dégermez-les. Lavez le persil plat, séchez-le et effeuillez-le. Ajoutez le bouquet garni, les gousses d'ail, la moitié du persil plat, 1 cuillerée à café de gros sel et 4 tours de moulin à poivre. Laissez frémir 1 heure.

Dans une poêle, faites sécher les tranches de lard à sec. Retirez-les, puis faites dorer les pignons, toujours à sec.

Ôtez le bouquet garni, passez les pois cassés cuits au moulin à légumes muni d'une grille fine, puis incorporez le bouillon de cuisson pour obtenir un velouté.

Servez très chaud avec un filet d'huile d'olive, des petits croûtons et des pignons dorés.

voir photo p. 2

En plus des œufs pochés, et pour faire de cette soupe « un plat complet », garnissez-la de fines tranches de lard fumé poêlées et croustillantes.

Potage de poireaux-pommes de terre et œuf poché

PRÉPARATION DU BOUILLON MAISON : 1 H 30

PRÉPARATION : 15 MIN

CUISSON : 30 MIN

POUR 4 PERSONNES

> 4 poireaux bien tendres

> 4 pommes de terre à chair un peu farineuse

> 40 g de beurre salé

> 2 l de bouillon de volaille maison (voir RECETTE p. 24) ou de bouillon de volaille instantané bio

> 4 œufs ultra-frais

> fleur de sel et poivre du moulin

Épluchez les poireaux, fendez-les en deux dans la longueur, lavez-les soigneusement, puis coupez-les en tronçons. Pelez les pommes de terre, lavez-les et détaillez-les en cubes. Faites fondre le beurre salé dans une cocotte. Lorsqu'il mousse, ajoutez les poireaux ainsi que les pommes de terre et faites-les revenir 5 minutes à feu doux sans laisser colorer.

Versez 1 litre de bouillon de volaille dans la cocotte et laissez mijoter 20 minutes jusqu'à ce que les poireaux soient tendres et que les pommes de terre s'écrasent aisément.

Au moment de servir, portez le reste du bouillon à frémissements, puis faites pocher les œufs 3 minutes.

Répartissez le potage dans des assiettes creuses, puis déposez un œuf poché dans chacune. Ajoutez un tour de moulin à poivre et un peu de fleur de sel, puis servez.

En hiver, on utilise plutôt des haricots secs, mais si vous avez congelé des haricots frais l'été précédent, n'hésitez pas à les utiliser pour cette garbure. Dans ce cas, faites cuire les haricots en même temps que les carottes et les navets.

Garbure au confit de canard

TREMPAGE : 12 H

PRÉPARATION : 30 MIN

CUISSON : 2 H 40

POUR 4 PERSONNES

- 200 g de haricots blancs secs
- 2 bouquets garnis (queues de persil, thym et laurier)
- 1 petit chou vert
- 2 carottes
- 2 pommes de terre à chair ferme
- 2 petits navets
- 1 oignon
- 2 gousses d'ail
- 3 cuill. à soupe de graisse de canard (issue du confit)
- 1 cuill. à café de sel
- 2 cuisses et hauts de cuisses de canard confit
- poivre du moulin

La veille, mettez les haricots à tremper dans 2 litres d'eau froide.

Le jour même, dans une grande casserole d'eau salée, faites cuire les haricots pendant 1 heure avec 1 bouquet garni.

Ôtez les feuilles fanées du chou, coupez le trognon, puis détaillez les feuilles en larges lanières. Lavez-les à l'eau fraîche, puis faites-les blanchir 5 minutes dans une grande casserole d'eau bouillante et égouttez-les.

Pelez les carottes et les pommes de terre, puis lavez-les ainsi que les navets. Taillez les carottes en rondelles épaisses, les pommes de terre en gros cubes et les navets en quartiers. Pelez l'oignon et les gousses d'ail, puis hachez-les grossièrement.

Égouttez les haricots précuits. Dans une cocotte, faites chauffer la graisse de canard, puis faites revenir l'ail, l'oignon, les carottes et les navets pendant 5 minutes à feu doux. Couvrez de 1,5 litre d'eau, ajoutez le sel, 5 tours de moulin à poivre, le second bouquet garni et les haricots précuits, puis laissez mijoter 1 heure.

Ajoutez le chou blanchi et les pommes de terre, puis poursuivez la cuisson 15 minutes. Effilochez les morceaux de canard confit, puis mettez-les dans la soupe et prolongez la cuisson pendant encore 15 minutes.

Retirez le bouquet garni et servez sans attendre.

J'ai rencontré Bouchra au Maroc et nous avons écrit un livre de cuisine ensemble. C'est à cette occasion qu'elle m'a préparé cette harira dont voici la recette.

Harira de Bouchra

TREMPAGE : 12 H

PRÉPARATION : 35 MIN

CUISSON : 1 H 45

POUR 4 PERSONNES

- 150 g de pois chiches secs
- 1/2 bouquet de coriandre
- 1/2 bouquet de persil plat
- 3 branches de céleri avec les feuilles
- 1 oignon
- 600 g de tomates
- 3 cuill. à soupe de concentré de tomate
- 50 g d'épaule d'agneau
- 2 cuill. à soupe d'huile d'olive
- 1 cuill. à café de gingembre en poudre
- 1 cm de cannelle en bâton
- 1 pincée de curcuma
- 4 tours de moulin à poivre
- 1 cuill. à soupe de riz long
- 1/2 cuill. à café de sel
- 80 g de farine

La veille, mettez les pois chiches à tremper dans de l'eau froide.

Le jour même, égouttez les pois chiches, puis frottez-les entre vos mains pour en ôter la peau. Lavez les herbes, séchez-les, effeuillez-les et hachez-les grossièrement. Lavez le céleri, pelez l'oignon et hachez-les grossièrement. Plongez les tomates 1 minute dans une casserole d'eau bouillante, puis passez-les sous l'eau fraîche et pelez-les. Épépinez-les et mixez-les avec le concentré de tomate et 10 cl d'eau. Coupez l'agneau en dés.

Mettez les pois chiches dans une cocotte. Ajoutez les herbes, le céleri, le coulis de tomates, l'oignon, l'huile d'olive, les épices et l'agneau. Couvrez et faites mijoter 15 minutes.

Versez 1,5 litre d'eau dans la cocotte, couvrez et poursuivez la cuisson 1 heure.

Ajoutez le riz et le sel. Poursuivez la cuisson 15 minutes.

Prélevez un peu de bouillon de la soupe et mélangez-le avec la farine. Incorporez ce mélange et poursuivez la cuisson encore 15 minutes pour que la harira soit onctueuse et s'épaississe un peu.

Servez très chaud.

Une soupe à la personnalité bien trempée, roborative et délicate à la fois.

Soupe de pommes de terre, haddock, céleri et sarrasin grillé

PRÉPARATION : 25 MIN

CUISSON : 50 MIN

POUR 4 PERSONNES

> 500 g de céleri-rave
> 4 belles pommes de terre à chair ferme, type Charlotte
> 2 branches de céleri
> 2 cuill. à soupe de kasha (sarrasin grillé, dans les épiceries bio)
> 1,5 l de bouillon de légumes instantané
> 8 gousses d'ail
> 10 cl de crème fraîche épaisse
> 200 g de haddock
> sel et poivre du moulin

Pelez le céleri-rave et les pommes de terre, lavez-les et détaillez-les en petits cubes. Lavez le céleri branche et coupez-le en tronçons. Réservez les feuilles.
Dans une casserole, mettez les pommes de terre, les deux céleris et le kasha. Poivrez de 4 tours de moulin, salez légèrement – attention, le haddock salera naturellement la soupe – et couvrez de bouillon de légumes. Portez à ébullition et laissez frémir 20 minutes.

Pelez les gousses d'ail et dégermez-les. Faites-les cuire 10 minutes dans de l'eau bouillante, puis égouttez-les et écrasez-les finement en les mélangeant à la crème fraîche. Salez, poivrez et réservez.

Ôtez la peau du haddock et coupez-le en quatre. Déposez les morceaux de haddock dans la soupe de pommes de terre et de céleri frémissante. Poursuivez la cuisson 10 minutes.

Dans une petite casserole, faites chauffer la crème d'ail à feu doux. Servez la soupe parsemée de feuilles tendres de céleri et garnie de crème d'ail.

Pour varier les plaisirs, remplacez le jus d'orange par celui d'un pamplemousse rose, et si vous trouvez des citrons bergamote sur le marché ou dans votre épicerie bio la plus proche, ajoutez un peu de leur zeste finement râpé dans la soupe.

Soupe d'orange à l'eau de fleur d'oranger et à la cannelle, tuiles aux amandes

PRÉPARATION : 30 MIN

REPOS DE LA PÂTE : 30 MIN

CUISSON : 10 MIN

POUR 4 PERSONNES

> 6 oranges non traitées
> 40 g de sucre de canne
> 1 cuill. à café de cannelle en poudre
> 3 cuill. à soupe d'eau de fleur d'oranger
> 25 g d'amandes effilées

Pour les tuiles aux amandes

> 50 g de beurre salé
> 150 g de sucre de canne
> 3 blancs d'œufs
> 60 g de farine
> 75 g d'amandes effilées

Préparez les tuiles aux amandes. Faites fondre le beurre salé à feu doux. Laissez-le un peu refroidir, puis mélangez-le petit à petit avec le sucre de canne et les blancs d'œufs. Incorporez la farine, puis laissez reposer 30 minutes.

Préchauffez le four à 180 °C (therm. 6).

Sur une plaque à pâtisserie couverte de papier sulfurisé graissé, étalez de fins disques de pâte à l'aide d'une spatule. Parsemez d'amandes effilées, puis enfournez et laissez cuire 10 minutes jusqu'à ce que les tuiles soient légèrement colorées. Sortez-les du four, décollez-les avec précaution et laissez-les refroidir, à plat sur une grille. Pour les courber, déposez-les encore chaudes et souples sur une bouteille ou un rouleau à pâtisserie et laissez-les refroidir.

Pelez 5 oranges à vif au-dessus d'un saladier pour récupérer le jus. Détachez les quartiers et placez-les dans le saladier en les saupoudrant de sucre de canne et de cannelle au fur et mesure, et en les arrosant d'eau de fleur d'oranger. Pressez la dernière orange et versez le jus sur le tout. Couvrez d'un film alimentaire et réservez au réfrigérateur.

Faites griller les amandes effilées à sec dans une poêle, puis parsemez-en la soupe. Servez, sans oubliez les tuiles aux amandes croustillantes.

CONSEIL GOURMAND : les tuiles aux amandes doivent être conservées dans une boîte hermétique pour garder tout leur croquant. Il est d'ailleurs plus aisé de ranger des tuiles plates que des tuiles courbées...

Si vous avez l'opportunité de trouver des petites asperges sauvages, essayez-les dans ce velouté. Elles sont si fines qu'elles peuvent être poêlées entières.

Velouté d'asperge au cerfeuil

PRÉPARATION : 20 MIN
CUISSON : 20 MIN

POUR 4 PERSONNES

> 1/2 botte de cerfeuil
> 40 cl de bouillon de légumes instantané
> 500 g d'asperges vertes + 4 pointes
> 2 cuill. à soupe d'huile d'olive
> 20 cl de crème fraîche liquide
> sel et poivre du moulin

Lavez le cerfeuil, séchez-le et effeuillez-le en gardant quelques belles pluches de côté.

Faites chauffer le bouillon de légumes dans une casserole sur feu moyen. Lavez les asperges, puis ôtez les extrémités dures et fibreuses des queues et coupez les tiges en deux. Faites-les cuire 15 minutes dans le bouillon frémissant.

Lorsqu'elles sont tendres, mixez-les finement au robot avec le bouillon de légumes et les feuilles de cerfeuil. Salez, poivrez et réservez.

Lavez les pointes d'asperges, séchez-les, puis émincez-les dans la longueur à l'aide d'une mandoline. Faites-les sauter à la poêle avec l'huile d'olive pendant 3 minutes.

Réchauffez le velouté d'asperge, puis incorporez la crème fraîche. Servez aussitôt, garni des pointes d'asperges poêlées et des pluches de cerfeuil réservées.

Les pousses de radis sont une véritable source de protéines. Si vous ne les aimez pas, remplacez-les par des petits œufs de caille pochés dans le velouté de carottes, juste au moment de le servir.

Velouté de carottes nouvelles au cumin et petites pousses

PRÉPARATION : 25 MIN

CUISSON : 25 MIN

POUR 4 PERSONNES

> 1 botte de carottes nouvelles
> 2 petits oignons nouveaux
> 4 gousses d'ail
> 1 cuill. à café de cumin en poudre
> 4 cuill. à soupe d'huile d'olive
> 1 cuill. à café de gros sel
> 1/2 bouquet de persil plat
> 1 barquette de pousses de radis
> sel et poivre du moulin

Lavez les carottes, pelez-les et coupez-les en petits morceaux. Lavez les petits oignons et émincez-les. Pelez les gousses d'ail et hachez-les. Dans une casserole, faites revenir les oignons, l'ail, les carottes et le cumin dans 3 cuillerées à soupe d'huile d'olive pendant 5 minutes. Versez 40 cl d'eau, ajoutez le gros sel et 4 tours de moulin à poivre, puis laissez frémir 20 minutes.

Lavez le persil plat, séchez-le et effeuillez-le. Lorsque les carottes sont tendres, mixez-les avec le bouillon et la moitié des feuilles de persil plat.

Lavez les pousses de radis et égouttez-les. Rectifiez l'assaisonnement si nécessaire et servez le velouté arrosé d'un filet d'huile d'olive, et garni des pousses de radis croquantes et du reste de persil plat.

Si vous trouvez la fabrication des tuiles trop délicate, sachez que même sans elles, ce velouté n'en demeure pas moins délicieux… En revanche, prenez le temps de faire ce bouillon de légumes, si différent d'un bouillon instantané.

Crème d'artichaut aux chips d'artichaut, pétales d'ail frit et tuiles de parmesan

PRÉPARATION : 25 MIN

CUISSON : 50 MIN

POUR 4 PERSONNES

> 16 fonds d'artichauts surgelés (soit environ 800 g)
> 100 g de parmesan
> 4 gousses d'ail nouveau
> le jus de1 citron
> 4 petits artichauts poivrades
> 1/2 cuill. à café de graines de fenouil
> 15 cl d'huile d'olive
> sel et poivre du moulin

Pour le bouillon de légumes maison

> 1 carotte
> 1 poireau
> 1 oignon
> 1 petit bouquet garni (thym, laurier et queues de persil)

Préparez le bouillon de légumes maison. Pelez la carotte, le poireau et l'oignon. Lavez-les, puis hachez-les grossièrement. Mettez-les à cuire dans 1 litre d'eau salée, poivrée et parfumée du bouquet garni pendant 20 minutes.

Filtrez le bouillon, puis ajoutez les fonds d'artichauts surgelés et portez à nouveau à ébullition pendant 15 minutes.

Râpez le parmesan. Pelez les gousses d'ail et émincez-les. Versez 50 cl d'eau froide et le jus de citron dans un saladier. Lavez les poivrades sous l'eau fraîche, pelez les queues à l'aide d'un couteau Économe, puis ôtez les feuilles les plus dures et coupez le bout des plus tendres. Plongez les poivrades dans l'eau citronnée, puis séchez-les et émincez-les.

Mixez finement les fonds d'artichauts et le bouillon au robot. Rectifiez l'assaisonnement si nécessaire et ajoutez les graines de fenouil. Réservez.

Dans une poêle antiadhésive à feu doux, disposez de 4 à 6 cuillerées à soupe de parmesan râpé. Étalez légèrement les tas et laissez fondre doucement. Décollez délicatement les tuiles légèrement dorées et posez-les sur une assiette – elles vont durcir en refroidissant et devenir croustillantes.

Faites chauffer 10 cl d'huile d'olive dans un wok, puis faites frire les poivrades et l'ail emincés. Lorsqu'ils sont dorés et croustillants, égouttez-les sur du papier absorbant.

Réchauffez la crème d'artichaut à feu doux, puis servez arrosé d'un filet d'huile d'olive et accompagné des chips de poivrade, des pétales d'ail frit ainsi que des tuiles de parmesan.

Certes, écosser les fèves et les peler est un travail fastidieux, mais ne vous laissez pas tenter par des fèves « toutes prêtes » surgelées ; la soupe perdrait toute sa délicate saveur.

Soupe de fèves aux cébettes, petits croûtons aillés au fromage frais

PRÉPARATION : 40 MIN

CUISSON : 20 MIN

POUR 4 PERSONNES

> 1,3 kg de fèves
> 4 gousses d'ail
> 1 botte de cébettes, de cives ou de très jeunes échalotes
> 1 petit bouquet garni (queues de coriandre, thym et laurier)
> 1 cuill. à café de gros sel
> 1/2 cuill. à café de piment d'Espelette
> 1/2 botte de coriandre
> 4 cuill. à soupe d'huile d'olive
> 1 ficelle
> 150 g de fromage frais

Écossez les fèves. Mettez-les à cuire 3 minutes dans 2 litres d'eau bouillante. Égouttez-les en gardant l'eau de cuisson et passez-les sous l'eau fraîche.

Pelez les gousses d'ail. Lavez les cébettes, puis hachez-les grossièrement. Portez à ébullition 40 cl de l'eau de cuisson des fèves avec le bouquet garni, 3 gousses d'ail, les cébettes, le gros sel et le piment d'Espelette pendant 10 minutes.

Lavez la coriandre, séchez-la et effeuillez-la. Pelez les fèves, gardez-en quelques-unes de côté, puis écrasez le reste grossièrement à la fourchette. Ôtez le bouquet garni du bouillon, versez l'huile d'olive et ajoutez la coriandre ainsi que les fèves écrasées. Faites chauffer le tout 5 minutes à feu doux.

Coupez la ficelle en petites tranches, puis faites griller celles-ci. Frottez chaque petit toast avec la dernière gousse d'ail, puis tartinez-les de fromage frais.

Servez chaud ou froid, parsemé des fèves entières réservées et accompagné des petits croûtons aillés au fromage.

Ce minestrone peut aussi être servi frais. Remplacez alors le parmesan par un fromage de chèvre frais et relevez les petits légumes de vinaigre balsamique et d'huile d'olive.

Minestrone aux légumes printaniers et petites pâtes

PRÉPARATION : 40 MIN
CUISSON : 35 MIN

POUR 4 PERSONNES

> 2 carottes
> 1 botte d'oignons nouveaux
> 1 beau poivron rouge
> 150 g de céleri branche
> 2 grosses tomates
> 1 gousse d'ail
> 1 cube de bouillon de volaille
> 4 cuill. à soupe d'huile d'olive
> 1 tout petit bouquet garni
> 200 g de courgettes
> 150 g de haricots verts fins
> 1 bouquet de basilic
> 400 g de petits pois
> 50 g de petites pâtes courtes
> 150 g de parmesan râpé
> sel et poivre du moulin

Portez une casserole d'eau à ébullition. Pelez les carottes et les petits oignons, puis lavez-les ainsi que les autres légumes. Hachez les oignons. Épépinez le poivron, puis taillez-le en dés ainsi que les carottes. Émincez le céleri branche. Plongez les tomates 2 minutes dans l'eau bouillante, puis passez-les sous l'eau fraîche. Pelez-les, ôtez les pépins et concassez la chair. Pelez la gousse d'ail, dégermez-la et écrasez-la.

Préparez 1,5 litre de bouillon instantané. Faites chauffer 2 cuillerées à soupe d'huile d'olive dans un faitout, puis faites revenir les oignons et l'ail pendant 2 minutes. Ajoutez les carottes, la chair de tomate, le céleri branche et le poivron. Salez légèrement, poivrez et prolongez la cuisson de 3 minutes. Versez le bouillon, portez à frémissements et laissez mijoter 20 minutes.

Taillez les courgettes en bâtonnets. Effilez les haricots verts et coupez-les en trois. Effeuillez le basilic et ciselez-le. Écossez les petits pois, puis ajoutez-les ainsi que les courgettes, les haricots verts et les pâtes. Laissez frémir 10 minutes, puis parfumez de basilic.

Servez chaud, parsemé de parmesan et arrosé d'huile d'olive.

Choisissez des crevettes sauvages ou d'élevage de Madagascar ou encore des bio. Les autres crevettes, au prix certes attractif, sont très souvent de qualité médiocre et nourries aux antibiotiques...

Soupe thaïe aux crevettes, pois gourmands et mini-maïs

PRÉPARATION : 35 MIN

CUISSON : 45 MIN

POUR 4 PERSONNES

- > 20 grosses crevettes surgelées
- > 1 gousse d'ail
- > 1 échalote
- > 2 cuill. à soupe d'huile d'olive
- > 40 cl de bouillon de volaille instantané
- > 40 g de gingembre
- > 2 bâtons de citronnelle (dans les épiceries asiatiques)
- > 1 piment fort
- > 200 g de pois gourmands
- > 100 g de mini-maïs
- > 30 cl de lait de coco
- > 1 botte de coriandre
- > 3 cuill. à soupe de nuoc-mâm
- > 4 cuill. à soupe de jus de citron vert

Plongez les crevettes dans une jatte d'eau froide pour les décongeler, puis faites-les sécher sur un linge. Décortiquez les queues et réservez les têtes.

Pelez la gousse d'ail et l'échalote, puis hachez-les. Dans une sauteuse, faites revenir les têtes de crevettes dans l'huile d'olive pendant 5 minutes avec l'ail et l'échalote, en les écrasant avec le dos d'une cuillère.

Versez le bouillon de volaille et laissez frémir 15 minutes.

Pelez le gingembre et la citronnelle, puis hachez-les. Épépinez le piment et hachez-le. Lavez les pois gourmands et coupez-les en deux. Détaillez les mini-maïs en petits tronçons. Avec une passoire, retirez les têtes de crevettes et les aromates du bouillon, ajoutez le gingembre, la citronnelle et le piment, puis portez à nouveau à frémissements pendant 5 minutes.

Versez le lait de coco, les pois gourmands et les mini-maïs, puis laissez frémir 15 minutes en veillant à ce que la soupe ne bouille pas et reste onctueuse – le lait de coco bouilli se dissocierait du bouillon.

Lavez la coriandre, séchez-la et effeuillez-la. Plongez les queues de crevettes dans la soupe parfumée pendant 3 minutes, puis ajoutez la coriandre, le nuoc-mâm et le jus de citron vert. Servez aussitôt.

Si vous préparez la crème anglaise la veille, elle n'en sera que plus parfumée et plus savoureuse.

Soupe de fraises et de framboises à la crème anglaise parfumée de verveine

PRÉPARATION : 10 MIN

INFUSION : 15 MIN

CUISSON : 15 MIN

POUR 4 PERSONNES

> 300 g de fraises gariguettes
> 250 g de framboises
> 4 cuill. à soupe de sirop de fraises ou de framboises

Pour la crème anglaise parfumée

> 30 feuilles de verveine citron
> 50 cl de lait entier pasteurisé
> 6 jaunes d'œufs
> 70 g de cassonade

Préparez la crème anglaise parfumée. Lavez les feuilles de verveine citron, puis séchez-les. Portez le lait à ébullition, puis hors du feu et à couvert, faites infuser 22 feuilles de verveine pendant 10 minutes.

Filtrez le lait, puis portez-le à nouveau à ébullition. Fouettez les jaunes d'œufs avec la cassonade, puis versez le lait chaud et mélangez le tout. Faites chauffer la préparation à feu doux sans cesser de remuer et jusqu'à ce qu'elle nappe la cuillère. Filtrez la crème à travers un chinois dans une jatte, puis fouettez-la 2 minutes pour la faire refroidir. Couvrez-la de film alimentaire ou versez-la dans une bouteille et réservez au frais.

Passez rapidement les fraises et les framboises sous l'eau fraîche. Équeutez les fraises et coupez-les en deux. Mélangez les fruits avec le sirop, puis répartissez-les dans des coupelles.

Émulsionez la crème anglaise parfumée si elle est réservée dans une jatte, ou secouez-la vivement si elle est dans une bouteille. Versez-la toute mousseuse et très fraîche sur les fruits, garnissez de feuilles de verveine citron et dégustez sans attendre.

Le gaspacho « classique » s'accompagne le plus souvent d'œuf dur haché, de concombre et de poivron. J'ai préféré le servir avec un bon fromage de chèvre frais et quelques olives noires concassées.

Gaspacho

PRÉPARATION : 35 MIN

REPOS : AU MOINS 1 H

POUR 4 PERSONNES

> 1,5 kg de tomates charnues (type cœur de bœuf)

> 1 oignon nouveau

> 1 gousse d'ail

> 15 cl d'huile d'olive

> 3 cuill. à soupe de vinaigre de xérès + pour servir (facultatif)

> 100 g de mie de pain rassis

> sel et poivre du moulin

Pour servir

> 12 feuilles de basilic

> 100 g d'olives noires

> 100 g de fromage de chèvre frais

> 1 gousse d'ail

> 8 tranches de pain de campagne

> 3 cuill. à soupe d'huile d'olive

Portez une grande casserole d'eau à ébullition, puis plongez-y les tomates 1 minute. Égouttez-les et passez-les sous l'eau fraîche pour arrêter la cuisson. Pelez-les, épépinez-les, puis concassez-les. Pelez l'oignon et l'ail, puis hachez-les le plus finement possible.

Dans le bol d'un robot, mettez la tomate, l'ail et l'oignon. Versez l'huile d'olive et le vinaigre de xérès, puis ajoutez le pain émietté. Salez, poivrez, puis mixez le tout 3 minutes jusqu'à obtenir une texture lisse et homogène. Versez le mélange dans un saladier, couvrez de film alimentaire et réservez au frais au moins 1 heure.

Lavez les feuilles de basilic. Dénoyautez les olives, puis hachez-les grossièrement. Partagez le fromage de chèvre en quatre. Pelez la gousse d'ail. Faites griller les tranches de pain de campagne, puis frottez-les avec la gousse d'ail et arrosez-les d'huile d'olive.

Au moment de servir, mixez ou fouettez vivement le gaspacho froid, rectifiez l'assaisonnement et ajoutez un peu de vinaigre, si vous le désirez. Dégustez-le garni de fromage frais, d'olives, de basilic et accompagné de pain grillé frotté à l'ail.

Cette soupe rafraîchissante est tout aussi délicieuse en accompagnement d'une viande grillée au barbecue qu'efficace pour calmer le feu d'un plat très épicé.

Soupe de concombre à la menthe

PRÉPARATION : 15 MIN

POUR 4 PERSONNES

> 1 petit concombre bien ferme
> 1 cuill. à café de graines de fenouil
> 3 yaourts nature brassés
> 1/2 cuill. à café de curry en poudre
> 2 cuill. à soupe d'huile d'olive
> le jus de 1 citron
> 1/2 botte de menthe
> sel et poivre du moulin

Lavez le concombre, coupez-le en deux dans la longueur et épépinez-le. Taillez-le en tout petits dés, saupoudrez de sel fin et laissez égoutter 15 minutes dans une passoire.

Faites griller les graines de fenouil à sec dans une poêle.

Assaisonnez les yaourts de curry, de sel, de poivre, d'huile d'olive et de jus de citron. Lavez la menthe, séchez-la et effeuillez-la. Réservez éventuellement quelques belles feuilles et ciselez les autres. Incorporez le concombre au yaourt parfumé, puis ajoutez la menthe ciselée et les graines de fenouil.

Servez dans des verrines avec les quelques feuilles de menthe réservées, si vous le souhaitez.

VARIANTE : Pour obtenir une toute une autre soupe, changez les herbes et les épices : coriandre en feuilles et en graines font bon ménage avec du garam masala, par exemple.

Les grosses câpres au sel sont de meilleure qualité que les câpres conservées dans le vinaigre. Inutile de les dessaler, elles saleront naturellement la soupe.

Soupe de poivrons grillés aux câpres et aux pignons

PRÉPARATION : 40 MIN

POUR 4 PERSONNES

- > 3 beaux poivrons rouges
- > 1 petite botte d'oignons nouveaux
- > 5 tomates bien mûres
- > 1 cuill. à soupe de câpres au sel
- > 1 gousse d'ail
- > 2 cuill. à soupe de vinaigre balsamique
- > 4 cuill. à soupe d'huile d'olive
- > 1 pincée de piment d'Espelette
- > 2 cuill. à soupe de pignons
- > fleurs de câpres

Lavez les poivrons, puis faites-les griller sous le gril du four, dans un plat creux, en les retournant régulièrement jusqu'à ce qu'ils soient brunis uniformément. Mettez-les dans un sac plastique refermable et patientez 10 minutes.

Pelez les oignons nouveaux, puis hachez-les finement. Plongez les tomates 2 minutes dans une casserole d'eau bouillante, puis passez-les sous l'eau fraîche et pelez-les. Mettez la chair dans le bol d'un robot, puis mixez-la finement avec les oignons et les câpres.

Pelez la gousse d'ail, puis hachez-la finement. Épépinez les poivrons grillés, puis pelez-les soigneusement au-dessus du plat creux pour récupérer l'eau de végétation. Taillez la chair en tout petits dés, puis mélangez-la avec l'ail, l'eau de végétation, le vinaigre balsamique, l'huile d'olive et le piment d'Espelette. Ajoutez le coulis de tomates, mélangez et réservez au frais.

Au moment de servir, faites griller les pignons à sec dans une poêle. Remuez la soupe de poivrons et servez-la, parsemée de pignons grillés, garnie de quelques fleurs de câpres et accompagnée de vinaigre balsamique à part.

À servir froid ou chaud
selon la température extérieure…

Velouté de courgette au fromage fondant et mouillettes à la tapenade

PRÉPARATION : 25 MIN
CUISSON : 15 MIN

POUR 4 PERSONNES

> 6 courgettes bien fermes
> 2 gousses d'ail
> 3 cuill. à soupe d'huile d'olive
> 1 botte de coriandre
> 4 portions de fromage La vache qui rit®
> 1 baguette
> 4 cuill. à soupe de tapenade noire ou verte
> sel et poivre du moulin

Lavez les courgettes, puis pelez-les partiellement et taillez-les en cubes. Pelez les gousses d'ail et dégermez-les. Faites chauffer 1 cuillerée à soupe d'huile d'olive dans une casserole, puis faites revenir les courgettes et l'ail pendant 2 minutes. Salez, poivrez, puis versez 10 cl d'eau, couvrez et laissez cuire 10 minutes à feu moyen.

Lavez la coriandre, séchez-la et effeuillez-la en réservant quelques feuilles pour la décoration. Dans le bol d'un robot, mixez les courgettes bien tendres avec les gousses d'ail, le jus de cuisson, la coriandre et les portions de fromage. Rectifiez l'assaisonnement et maintenez au chaud ou bien laissez refroidir, selon votre choix.

Faites griller des tranches de baguette. Tartinez-les de tapenade et servez-les avec le velouté de courgette parsemé de coriandre fraîche et arrosé du reste d'huile d'olive.

En Méditerranée, on nomme poissons de roche tous les poissons pêchés auprès des rochers. Ils se nourrissent de petits crustacés, ce qui leur donne un goût particulier. Chapon, congre, rouget, serran… en font partie. Vous pouvez aussi agrémenter cette soupe de quelques petits crabes.

Soupe de petits poissons et croûtons à la rouille

PRÉPARATION : 35 MIN

CUISSON : 35 MIN

POUR 4 PERSONNES

> 1 kg d'un mélange de poissons de roche, de préférence, vidés et écaillés par le poissonnier
> 3 oignons
> 3 gousses d'ail
> 4 tomates
> 1 belle branche de céleri
> 2 cuill. à soupe d'huile d'olive
> 1 bouquet garni (thym, romarin, queues de persil et feuille de laurier)
> 1 cuill. à soupe rase de gros sel gris
> 5 tours de moulin à poivre
> 1 baguette
> 100 g de comté

Pour la rouille

> 4 gousses d'ail
> 1 jaune d'œuf ultra-frais
> 10 cl d'huile d'olive
> 1 grosse pincée de piment de Cayenne
> 1 dosette de safran en poudre

Rincez les poissons et séchez-les soigneusement. Pelez les oignons et les gousses d'ail, puis hachez-les grossièrement. Lavez les tomates, coupez-les en quatre et épépinez-les. Lavez la branche de céleri et coupez-la en petits tronçons. Faites chauffer l'huile d'olive dans une cocotte, puis faites blondir les oignons 3 minutes. Ajoutez les poissons et saisissez-les pendant 2 minutes. Ajoutez la chair de tomate, l'ail, le céleri et le bouquet garni, versez 1,5 litre d'eau, puis salez et poivrez. Portez à ébullition et laissez frémir 20 minutes.

Préparez la rouille. Pelez les gousses d'ail, puis hachez-les très finement. Mettez le jaune d'œuf dans un petit bol, fouettez-le rapidement avec l'ail, puis versez l'huile d'olive en fin filet sans cesser de fouetter jusqu'à obtenir une mayonnaise très ferme. Ajoutez le piment de Cayenne, le safran et une bonne pincée de sel. Réservez au réfrigérateur.

Ôtez le bouquet garni de la soupe, puis passez celle-ci au chinois très fin en pressant le plus possible avec le dos d'une louche. Goûtez, rectifiez l'assaisonnement si nécessaire et gardez au chaud.

Coupez la baguette en petites tranches. Faites-les griller. Râpez le comté. Servez la soupe très chaude avec les petits croûtons garnis de rouille et parsemée de comté râpé.

Une entrée ou un dessert ?
C'est comme vous voulez.

Soupe de melon aux amandes grillées et pineau des Charentes

PRÉPARATION : 10 MIN

MARINADE : 1 H

POUR 4 PERSONNES

> 1,5 kg de melon mûr à point
> 40 cl de pineau des Charentes rouge
> 12 feuilles de basilic
> 50 g d'amandes effilées

Pelez le melon, épépinez-le, puis taillez-le en cubes de 1,5 cm de côté environ. Versez-les dans une jatte et couvrez-les de pineau des Charentes. Réservez au réfrigérateur au moins 1 heure.

Lavez les feuilles de basilic, séchez-les et ciselez-les. Dans une poêle, faites griller les amandes à sec. Sortez le melon mariné bien froid, ajoutez le basilic, mélangez et servez très frais, parsemé d'amandes grillées toutes chaudes.

TABLE DES ÉQUIVALENCES FRANCE-CANADA

POIDS

55 g	2 onces	200 g	7 onces	500 g	17 onces
100 g	3 onces	250 g	9 onces	750 g	26 onces
150 g	5 onces	300 g	10 onces	1 kg	35 onces

Ces équivalences permettent de calculer le poids à quelques grammes près (en réalité, 1 once = 28 g).

CAPACITÉS

25 cl	1 tasse	75 cl	3 tasses
50 cl	2 tasses	1 l	4 tasses

Pour faciliter la mesure des capacités, une tasse équivaut ici à 25 cl (en réalité, 1 tasse = 8 onces = 23 cl).

Textes, recettes et photographies Valérie Lhomme
Stylisme Manuella Chantepie

Direction éditoriale Delphine Blétry
Édition Marion Pipart
Direction artistique Emmanuel Chaspoul
Mise en page Anna Bardon
Lecture-correction Joëlle Narjollet
Couverture Véronique Laporte
Fabrication Annie Botrel

« Mille mercis à Valérie Gentil, créatrice de www.beauetbon.com qui nous a accueillies dans sa jolie maison, tout au long de la préparation de ce livre, et qui a, chaque jour, testé les soupes. »

ISBN 978-2-03-585215-1

Photogravure Turquoise, Émerainville
Imprimé en Espagne par Gráficas Estella, Estella
Dépôt légal : janvier 2011
305 126 - 11011859 - octobre 2010